Made in the USA
Monee, IL
12 December 2021

85040611R00059